STATUTS
DU
DU JEU DE L'ARC

Il se vend dix sols.

A Paris chez LAISNEL, rue S. Jacques, proche la rue
du Plâtre, au Chef S. Denis

Avec Approbation M. DCC XXX.

LES STATUTS

ET

ORDONNANCES

De la Compagnie du noble Jeu de L'ARC, pour la recréation des Chevaliers, érigé en la Parroisse de Saint MARTIN d'Ormoy emmy-les champs lez-Crepy en Vallois.

ARTICLE PREMIER.

LA Compagnie sera composée d'un Roy première personne du Jardin ; de trois Officiers en Chef, sçavoir un Capitaine Connétable, un Lieutenant & un Enseigne.

II. Aucun ne sera reçû Chevalier qu'il ne soit de la Réligion Catholique, Apostolique & Romaine ; de bonne vie & mœurs. Avant que de prêter serment qu'il fera entre les mains du Roy & du Capitaine Connétable de la

A

de la Compagnie, on lui fera la lecture des présens Statuts & Ordonnances.

III. Tous les Chevaliers reconnoîtront Mon-
sieur l'abbé de Saint Médard lez-Soissons pour
grand Maître de tous les Chevaliers du n
jeu de l'Arc qui sont dans le Royaume de Fran-
ce.

IV. Ils reconnoîtront pour Roy celui qui aura
abatû l'oiseau ; il aura soin que tous les Chevaliers s'acquittent de leur devoir. Lorsqu'il se
trouvera dans les assemblées tenuës pour les
affaires de la Compagnie, il donnera sa voix le
premier ; tous les Officiers ensuite à leur rang,
après quoi les Chevaliers, diront leurs senti-
ments l'un aprés l'autre chacun selon son rang
de reception ; & si les voix se trouvent toutes
égales, il pourra délibérer aprés-avoir reçû
l'avis des Officiers en Chef. Les Jugemens ren-
dus par la Compagnie contre les Chevaliers,
seront excécutez nonobstant opposition, sauf
aux condamnez à se pourvoir par Appel devant Mr l'Abbé de Saint Médard Grand-Maître
& non devant aucun autre ; & seront les
Appellants tenus garnir trente sols d'amende
dans la boëtte de la Compagnie en signifiant
leur Appel dont il leurs sera delivré quittan-
ce par le Greffier, des quels trente sols, ils ne
pourront demander aucun remboursement,
quand meme ledit Sr Abbé leur donneroit gain
de cause sur leurs differents.

... de Capitaine fera chargé de la conduite de tous les Chevaliers; ils feront tenus de lui porter respect ; de lui obeïr en tous ce qui leurs commendera & deffendra en ce qui regardera le Jeu à peine de douze deniers d'amende par chacune contravention pour la premiere fois; de deux fols fix deniers pour la feconde; de cinq fols pour la troifiéme & en outre deftituez de leurs charges, s'ils en ont ; & en cas de coutumace, feront retranchez de la Compagnie fans efperer d'y pouvoir jamais rentrer.

VI. Les trois Officiers en Chef, fçavoir le CapitaineConnêtable, Lieutenant & Enfeigne une fois choifis & nommez par la Compagnie à la pluralité des voix, ne feront point amovibles & ne pourront être privez de leurs charges que de leur bon gré, à moins qu'ils ne tombent dans quelque faute qui meritât qu'on les retranche de la Compagnie pour toûjours.

VII. Il y aura trois Officiers fubalternes, fçavoir un Tréforier qui aura la boëtte du Jeu ; un Greffier & un Sergent. Le Tréforier fera tenû de fe trouver au Jeu toutesfois & quantes qu'on ira tirer pour y recevoir les amendes, parties du jardin ; trainages & autres deniers qu'il faudra mettre dedans ; & en cas d'abfence de fa part, il priera quelqu'un de fes confreres Chevaliers d'y porter ladite boëte, afin qu'elle y foit toûjours, laquelle fera fermée avec le cadenat dont le fieur Capitaine aura la clef & ne

A i

6

sera ouverte qu'en presence de plusieurs Officiers & Chevaliers, quand pour quelque besoin, il faudra tirer les deniers qui seront dedans.

Le Greffier écrira exactement sur un Registre qui restera enrre ses mains tous les Actes, Jugemens & autres concernants ladite Compagnie ; en donnera les expéditions nécessaires ; & lorsqu'il cueillera les voix pour quelque chose qu'il faudra décider à la pluralité, la Compagnie nommera un Controlleur qui l'accompagnera dans cette fonction, afin d'éviter le soupçon de donner les voix aux uns, & les retirer aux autres.

Le Sergent aura la halbarde en main dans toutes les marches ; arrangera chaque Chevalier selon son rang de réception ; maintiendra tout dans l'ordre ; tous les Chevaliers luy obéiront à cet égard, & sur-tout ce qu'il leurs ordonnera de la part du Roi & de ses Officiers en chef, étant attentif à leurs ordres pour les mettre & faire mettre à exécution ; lesquels trois Officiers subalternes seront amovibles toutes fois & quantes qu'ils ne s'acquitteront pas fidellement de leur devoir, & qu'il plaira au Roy & Capitaine d'en mettre d'autres à leurs place,

VIII. en telle occasion que ce soit tous les Chevaliers tiendront chacun leur rang de reception après les Officiers en Chef, sans avoir égard aux conditions des personnes ; ils porteront

honneur & respect au Roy & à tous les Officiers, à qui ils obèiront en tout ce qui leurs sera
commandé ou deffendu suivant le statut & ordonnance cy-devant article V.

IX. Lorsqu'une personne desirera se presenter
pour être Chevalier, il sera obligé de fréquen-
ter le Jardin & la Compagnie autant de temps
que le Roy & les Officiers le jugeront á propos ; & il sera présenté á la Compagnie par un
Chevalier ; sa Reception se fera á la pluraliré
des voix ; il sera payé pour chacune des réceptions la somme de quarante sols dans la boëte;
á l'exception des fils de Chevalier qui ne payeront que vingt sols ; nul ne sera recû autre part
que dans le Jardin ; qu'il ne soit marié ou agé
de vingt-cinq ans: Si par quelque considération
on en recevoit au-dessous dudit age ; le nouvel
éleve ne pourra prétendre aucun rang qu'il n'ait
atteint vingt-cinq-ans accomplis, & on ne lui
apprendra le secret qu'à cet age.

X. Le dernier Dimanche du mois d'Avril,
le Roy , ou, en son absence , le Capitaine fera
faire Assembiée générale de tous les Chevaliers en la salle du Jardin à l'issue des vespres
de Parroisse pour prendre jour pour tirer l'Oiseau qui se tire ordinairement le premier jour
ou le premier Dimanche de Mai, dans laquelle
Assemblée , chaque Officier & Chevalier payera deux sols entre les mains du Greffier , pour
du total en faire remise entre les mains de ce-

lui qui abbattra l'Oiseau & sera reconu Roy;
ce faisant, la Compagnie sera exempte d'au-
cuns autres frais envers lui.

Lorsqu'on ira tirer ledit Oiseau, les Officiers
& Chevaliers seront tenû de s'assembler en la
salle du Jardin à l'heure qui leurs sera indiquée
& dans l'ordre prescrit, & nul ne pourra se dis-
penser sans excuse légitime d'accompagner le
Drapeau; de marcher en bon ordre, tambour
battant, jusqu'à l'endroit ou sera l'Oiseau pour
le lever & delà, à l'endroit d'estiné pour le tirer, à peine de cinq sols d'amende & aucun,
s'il doit amende ou autres frais de Compagnie,
ne pourra tirer qu'il n'ait entierement payé.

XI. L'Oiseau sera tiré dans l'ordre suivant.
Le Roy tirera le premier, tireront aprés lui
les Officiers en Chef, & Subalternes suivant
leur rang; les Chevaliers tireront au billet &
observeront leur rang suivant le sort dans lequel ils seront tombez sans les pouvoir chan-
ger, à peine de nullité des coups. L'Oiseau
abbatu, la Compagnie ira dans le meme ordre qu'elle est arrivée tirer la partie du Jardin sans qu'aucun Chevalier puisse s'en absen-
ter, à peine de cinq sols d'amende.

XII. Le Chevalier qui n'aura point tiré à
l'Oiseau, & qui se presentera au Jardin pour
tirer, soit à quelque prix, s'il y en a, ou
en partie, n'y sera point reçû sans apporter
une excuse légitime de son absence à l'Oiseau,

&c.

& fera obligé de payer ce qui fe trouvera deu pour fa cotte-part des frais dudit Oyfeau, fi-non en fera déchu.

XIII. Le Roy donnera un prix à la Compagnie de telle valeur & efpece qu'il lui plaira, le Dimanche fuivant, que l'Oyfeau aura été abbatu; les Officiers en chef donneront le leur chacun à leur rang les Dimanches fuivants, chacun felon fa volonté & moyen, lefquels prix feront tirez en douze haltes; & fupofé qu'il plaife au Roy & Officiers de divifer ce qu'ils donneront, en plufieurs prix, chaque Chevalier ne pourra gagner qu'un prix; de forte que s'il arrivoit que les douze haltes fuffent tirées, & qu'il n'y ait qu'un même Chevalier qui eût fait tous les plus près Coups, on lui donneroit le prix le plus confidérable, & les autres recommenceroient douze autres haltes à qui gagneta les prix reftans ; & comme il y a des Chevaliers qui ne frequentent le Jeu & ne tirent que quand il y a des Prix, il eft ftatué que ceux qui agiront de la forte & qui ne tireront pas au moins deux fois le mois, ne feront point reçus à titer à aucun Prix,

Entre les Coups égaux, le deffus gagnera le deffous, le deffus la droite, & la droite la gauche.

XIV. Aucun Chevalier ne tirera au Prix, ny même en partie, qu'il n'ait Arc & Fleche encornées ou ferrées par les bouts, à moins

B

qu'il n'en ait obtenu la permiſſion du Roy & du Capitaine, ou de deux Officiers, ſinon les Coups feront nuls pour la premiere fois, & s'il les rapporte au Jeu une ſeconde fois ſans eſtre dans les regles, il payera douze deniers d'amande, & ſera privé de tirer juſqu'à ce qu'elles ſoient ſuivant les Ordonnances.

XV. Aucun Chevalier ne pourra tirer en chemiſe & entierement déboutonné, qu'il n'ait la tête couverte d'un chapeau ou bonnet, à peine de nullité des coups & de ſix deniers d'Amende.

XVI. Aucun Chevalier ne tirera qu'il ne diſe à chaque coup, avant le départ de ſa fleche, le mot de gâre d'une voix intelligible à tous les aſſiſtants, faute de quoi, ſon coup ſera nul & reſponſable de tout ce qui pourroit s'en ſuivre s'il bleſſoit quelqu'un.

XVII. Aucun Chevalier ne paſſera le pas marqué pour tirer, à peine de perdre ſon Coup.

Tous les Coups dont les Fleches toucheront les Gardes-Buttes, Arbres, Charpente ou la terre avant d'arriver en Butte, quand même par faveur de quelque frottement, ils iroient à la broche, tels qu'ils puiſſent arriver, ſoit qu'on tire en Prix ou en Partie, feront declarez nuls.

XVIII Tout Chevalier étant en coche pour tirer, duquel Arc, corde ou fleche viennent à caſſer, ou dont la fleche tombe à terre par une fauſſe décoche, ſon Coup eſt réputé tiré.

XIX. Aucun Chevalier ne tirera avec l'Arc de son Confrere sans la permission des Officiers; & tous seront obligez de marquer leurs fleches pour les reconnoître; & si quelqu'un tire avec celle de son Confrere, son coup sera declaré nul.

XX. Aucun Chevalier ne transportera aucunes fleches qui auront été tirées dedans, ou proche les cartes ou marmots, tant en prix qu'en partie, à peine de six deniers d'amende; & ceux qui les leveront de terre, les transporteront dans les extrémitées des buttes, à peine de même amende.

XXI. Aucun Chevalier, après avoir tiré en prix ou en partie, ne refusera de tirer la partie du Jardin, quand même il offriroit d'en payer sa part; & s'il veut ne la pas tirer, il la payera & payera trois deniers de surplus, pour le traînage supposé; & au cas qu'il soit cause qu'un autre n'ait pas d'homme pour tirer & qui voudra tirer ladite partie, il payera encore un liard pour le traînage supposé de son homme.

XXII. Nul ne tirera qu'auparavant il n'ait salué la Compagnie, & demandé permission; lorsqu'on tirera en partie & n'entreprendra de tirer avec aucun de ses confreres; ni défis; ni en partie, que les autres n'ayent fini le Jeu, à peine de six deniers d'Amende & de nullité desdits défis & parties.

XXIII. Deffenses sont faites à tous Chevaliers & autres personnes de joüer à autre Jeu dans le Jardin qu'à l'Arc, à peine de douze deniers d'Amende ; ni d'y tirer à l'Arc les jours de Noël, Pâques, Pentecôte, Affomption, Touffaints & de Saint Martin patron de la Parroiffe ; comme auffi pendant ancun Office Divin quelque jour de Dimanche on Fête que ce puiffe être, à peine de cinq fols d'Amende contre les Contrevenants.

XXIV. Celui qui proferera quelqu'injure, paroles & chanfons deshnnnêtes dans le Jardin, ou s'y laiffera aller à quelque jurement, payera fix deniers d'Amende : & fi quelqu'un étoit affez ofé de jurer le Saint Nom de Dieu, pour la premiere fois, payera dix fols d'Amende ; la deuxiéme fois vingt fols & la troifiéme fois fera chaffé de la Compagnie fans efperer d'y jamais r'entrer.

XXV. Il ne fera fait aucun bruit par les Chevaliers fous les buttes lorfqu'on tirera en prix ou en partie, & le Tireur ne fera point interrompu ; & tous feront obligez de garder le filence qui leurs fera impofé, à peine de fix deniers d'amende.

Les Officiers & Chevaliers ne pourront tirer en patie pour leur recréation, plus haut que deux fols fix deniers par chacun Tireur.

XXVI. Le Roy, Capitaine, Lieutenant & Enfeigne, auront feuls le pouvoir de faire affembler la Compagnie ; & lorfqu'il en fera befoin, la femonce fera faite par le Sergent.

Aucun Chevalier ne se dispenserad'y assister, sans cause légitime, à peine de douze
deniers d'amende,

Il ne s'y fera aucune délibération qu'il n'y
ait au moins un des quatre Chefs accompané
de huit Chevaliers & du Greffier; & chacun,
pour éviter la confusion, ne parlera qu'à
son rang de reception.

XXVII. Un Chevalier qui ira demeurer
dans un autre lieu, sera toûjours regardé
comme Chevalier, & payera sa part des frais
de Compagnie, ainsi que les autres Chevaliers.

Aucun ne sera de deux Jeux d'Arc en differents endroits; & s'il arrive qu'il y en ait qui
soit receu dans deux, il sera tenu, en cas de
prix generaux, provinciaux ou autres assemblées, comme defis, de se joindre à la Compagnie du lieu où il sera pour lors résident.

XXVIII. Au decez du Roy, des Officiers
en chef, autres Officiers ou Chevaliers, la
Compagnie se touvera à l'Enterrement mar-
chant en bon ordre, tambour battant lugu-
brement, la fleche à la main & dans l'arran-
gement qui sera marqué bans le Registre, à
peine de cinq sols d'amende par chaque dé-
faillant, s'il n'a excuse légitime.

Après la mort du Roy, aucun ne joüira
de cette qualité, ni de ses pouvoirs. Le jour
venu de tirer l'Oyseau, on le tirera comme
à l'ordinaire.

A l'égard des Officiers en chef, après leur mort, la Compagnie en fera une nouvelle nomination dans l'ordre preſcrit article VI. & ſans qu'il ſoit beſoin d'attendre le jour de l'oiſeau.

XXIX. En quelque lieu que la compagnie ſoit aſſemblée pour le fait du Jeu, on y obſervera les preſens Statuts & Ordonnances, comme ſi elle eſtoit dans le Jardin.

Le Chevalier qui renoncera à la Compagnie, ſera obligé de le faire par un acte en forme qu'il ſignera ſur le Regiſtre du Greffe, & payera la ſomme de trente ſols pour ſa renonciation au profit de la boëte.

XXX. La Compagnie étant mandée à quelque prix, les Officiers & Chevaliers ſeront obligez d'y aller; & ceux qui s'en abſenteront pour cauſe legitime, payeront dix ſols chacun par forme de contribution, pour aider aux frais de la Compagnie.

XXXI. Tous les Chevaliers ſeront obligez de preſter la main aux Officiers, tant pour l'exécution des Status & Ordonnances que pour les Jugemens qui interviendront dans une ſuite; & cela en conſequence du ſerment de fidelité auſdits Officiers & au Jeu, qu'ils ont preſté à leurs Receptions.

XXXII. Le Dimanche ou Feſte qui precederont de huit jours au moins la Feſte Saint Sebaſtien, il ſera fait une Aſſemblée generale de tous les Chevaliers en la Salle du Jardin, à l'issuë des Vespres, ou chaque Officiers & Chevaliers sera tenu d'assister, à peine de deux sols six deniers d'amande, s'il n'a excuse légitime, pour déliberer sur l'ordre que l'on tiendra pour la solemnité de la Feste du Saint Patron des Chevaliers dudit Jeu d'Arc.

XXXIII. Défenses sont faites à tous Officiers & Chevaliers de tirer sur la Tourterelle ny Pigeons blancs, sur peine de douze deniers d'amende, & d'estre privez du Jeu.

Item. Est défendu de prononcer le mot de Diable dans le Jardin & par tout ailleurs, où la Compagnie sera assemblée, sur peine de trente deniers d'amende.

Item. Chacun payera ce qu'il aura perdu au Jeu, avant que de sortir du Jardin, aussi-bien que les amendes qu'il pourroit avoir encouruës, à peine de six deniers d'amende, à moins qu'il n'eût point d'argent ; & la où il arriveroit qu'il n'auroit besoin que de six deniers, il peut les demander à emprunter à celui de la Compagnie qu'il luy plaira, & qui aura de l'argent; & celui qui refusera cette grace à son Confrere, ayant de la monnoye, payera six deneniers d'amende.

Item. Celuy qui refusera son Arc à quelqu'un de ses Confreres qui en aura besoin pour tirer un coup ou deux, ou plus, payera trois deniers d'amende.

Item. Aucun ne tirera sa fleche hors de la butte sans que partie adverse l'ait vûe, ou du moins qu'il n'y ait témoins Chevaliers pour certifier qui a gagné le coup, sur peine de six deniers d'amende.

Item. Aucun n'imposera autre nom à ses Confreres que le leur propre, soit par raillerie ou autrement, sur peine de six deniers d'amende.

Item. Aucun Officiers ni Chevaliers ne portera dague ni poignard, ni autre baton dangereux dans le Jardin, & par tout où la Compagnie s'assemblera, à peine de douze deniers d'amende.

Item. Aucun Officier ni Chevalier ne revelera jamais le secret du serment, à peine d'amende & punition exemplaire qui sera décernée par Mr. l'Abbé de Saint Medard, grand Maistre du Jeu d'Arc, devant lequel immediatement, & non devant aucun autre, sera traduit le delinquant, pour son procès fait & parfait s'y voir condamner ; & au surplus chassé du Jeu d'Arc, sans esperance d'y jamais r'entrer.

Item. Aucun ne revelera qu'à ceux qui seront du Jeu, ce qui sera fait, dit & passé dans le Jardin on autres lieux où la Compagnie se sera assemblée, sur peine de douze deniers damende.

Item. Tout Officier & Chevalier qui traversera le Jeu, qui passera d'un côté à l'autre,

qui

qui y arrivera ou en sortira, sans ôter son chapeau, payera trois deniers d'amende.

Item. Lorsque la Compagnie sera assemblée en quelque lieu, & que les portes seront fermées, il frapera trois coups, & entrant il saluëra le Roy, son Capitaine & toute la Compagnie, à peine de trois deniers d'amende.

Il est quand vous trouverez quelque étranger qui se dira du jeu, attendez de lui le signal & marqués du feret sans lui en donner aucun, l'interrogeant, sans qu'il comprenne ce que vous lui demandez, s'il n'est pas du jeu, lui présentant en premier lieu un Arc pour examiner s'il le recevra de votre main comme il le doit.

Item. Quand on recevra quelqu'un â sermant il y aura du pain, du vin & du sel sur la table, un Arc bandé & une Fleche, payera le jour & moment de sa réception, ce qui est marqué cy-devant article IX. & au surplus, un petit pain & deux pintes de vin aux Officiers & Chevaliers présens à sa réception ; & cela dans le lieu même où il aura preté serment & non aillieurs.

XXXIV. Quand on veut aller boir après avoir tiré en prix, ou en partie, on doit tirer trois coups en l'honneur de la très sainte Trinité, & celui qui fera le plus près coup, boira le premier ; celui qui fera le plus près ensuitte, donnera à laver les mains au Roy,

C

au Capitaine & a toute la compagnie, la tête découverte & la serviette sur l'épaule ; celui qui aura fait le plus loin coup, portera les Arcs au lieu où l'on ira boire ; & en cas que quelqu'un refuse de se soumettre & d'accomplir le contenu du présent article, il sera sur le champ condamné à une amende arbitraire par le Roy, le Capitaine & la compagnie qu'il payera dans le moment, à peine d'une seconde condamnation, a plus grosse amande.

Item. Celui de tous les Chevaliers qui entrera dans le lieu ou l'on va boire avant celui qui porte les Arcs, sans la permission du Roy, du Capitaine ou des Chevaliers, s'il n'y a aucun Officier, payera six deniers d'amende.

Item. Si un Officier ou Chevalier étant à table, le poussant ou tourmentant, lorsqu'il tiendra son verre en main pour boire, payera six deniers d'amende, ce qui sera different, & sans amende, si on trinque les uns avec les autres en témoignage d'amitié.

Item. Si quelque Chevalier boit avant celui qui aura fait le plus près coup, sans le consentement du Roy & du Capitaine, payera six denirers d'amende.

Item. Tout Officier & Chevalier qui s'appuiera le dos contre les buttes, lorsqu'on tirera, soit en prix ou en partie, payera six deniers d'amende.

XXXV. Toutes les amendes seront mises

dans la boëtte avec les autres deniers du Jeu, lesquels deniers feront partagez en deux moitiez dont l'une fera pour dire des Meffes en l'honneur de faint Sebaftien pour tous les Officiers & Chevaliers de la compagnie, tant vivans que trépaffez, & l'autre fera pour fournir des cartes, autres neceffitées & entretien du Jardin.

XXXVI. Toutesfois & quantes que la Compagnie fera affemblée pour quelque ceremonie, la ceremonie finie ; ladite compagnie reconduira le Roy & le capitaine feullement chacun chez lui, Enfeigne déployée & Tambour battant, à peine de deux fols fix deniers d'amende pour chaque Chevalier qui y manquera, s'il n'en n'a été difpenfé auparavant par le Roy & le Capitaine.

XXXVII. Afin de donner de l'émulation aux Chevaliers, leurs procurer un noble divertiffement & une récreation honnete, il fera tiré un prix en argent tous les trois mois, outre ceux que les Roys & Officiers donneront, fcavoir le premier, le premier Dimanche de Mars ou autre dudit mois, fi le tems n'eft pas commode, le 2e. Le premier Dimanche de Juin. Le 3e. le premier Dimanche de Septembre, & le 4e. Le premier Dimanche de Decembre, lefquels prix n'excederont point trois livres, compris les cartes qui feront de vingt fols les deux. Le plus près coup dans chaque carte gagnera la carte & dix fols d'argent, les deux autres plus près coups, foit qu'ils foient dans une carte feule, ou dans les deux, auront chacun dix fols. Au furplus fera obfervé ce qui eft marqué cy devant article XIII. tous les Officiers & Chevaliers font exhortez de fe trouver aufdits prix, afin qu'il en coute moins à chacun pour l'enjeu d'iceux, un chacun donnant par-là des preuves de fon affection pour le Jeu & du plaifir quil prend a fe recréer agreablement avec fes confreres. Les cartes defdits prix feront faites à la diligence du Capitaine qui en fera les avances & dont il fera rembourfé le jour que chaque prix fera tiré, des deniers qu'on lévera fur chaque Officier & Chevaliers qui feront au Jeu pour tirer ledit prix.

Pour que perfonne n'ignore du jour que chacun des quatre prix fera tiré, le Tambour battra le foir la veille, & le matin du jour qu'on le tirera; & fi c'eft avant Vêpres, ledit Tambour battra pour avertir qu'on va au Jeu à ce deffein là; fi après Vêpres, la même chofe, afin qu'un chacun foit fuffifament averti; & afin dévirer la confufion qui pourroit n'aître de ce que quelqu'uns arrivoient tard au Jeu, & prétendroient tirer pour fur au Jeu comme les autres, il eft ftatué que qui conque arrivera après la premiere botte tirée, ne fera plus admis a tirer audit prix ce jour là.

XXXVIII. Pour ôter dans la suite toute occasion aux Officiers & Chevaliers qui auroient l'esprit assez mal fait pour dire que dans la Compagnie il s'y délibére bien des choses sans y appeller un chacun de ceux qui la composent, il est statué qu'a l'avenir quand il sera question de faire quelqu'assemblée pour quelque affaire qui regardera ladite Compagnie, ou pour recevoir quelque nouveau Chevalier, cela ne se fera que les Dimanches ou Fêtes, devant ou après les Vêpres, après avoir été indiqué par le Tambour la veille au soir & le matin du jour, d'un bout du village à l'autre, & dans le moment qu'il faudra s'assembler ; ausquelles assemblées & réceptions de nouveaux Chevaliers qui se feront toûjours dans la salle du Greffe & non aillieurs, se rendront sur le champ tous les Officiers & Chevaliers, déclarant que tous ce qui sera résolu dans toutes les assemblées à l'avenir, un chacun sera tenu de le suivre de point an point, quoiqu'il n'y ait point été présent ; dès-là que l'acte en sera couché sur le Regiftre, & qu'il sera signé de quelques Officiers, de huit Chevaliers, & du Greffier.

Item, Est statué, que dans les jours qu'on s'assemblera en corps, soit pour prix ou autrement, la cérémonie faite, l'Enseigne, la Halbarde, la Caisse, Cartes & Brochettes, seront remise chez le Capitaine en le recon dui-

fant chez lui, s'auffe après cela aux Chevalie
d'aller se divertir honnetement & sans exce
la ou ils jugeront a propos, sans Caiffe ni en
seigne pour éviter le bruit & le déperiffemen
des chofes fufdittes.

XXXIX. Celui qui sera Roy du jeu four-
nira & rendra le pain benit le jour & Fête
saint Sebastien, de telle nature, de bon pain
qu'il lui plaira, qui ne pesera jamais moins de
quattre livres.

XL. Chaque Officier & Chevalier voulant
contribuer de bon cœur, tant pour faire dire
des Messes, que pour les néceffitées & entre-
tiens du jardin, il eft statué que chacun de ceux
qui compoferont la compagnie, payeront à
l'avenir chacun un fol par mois entre les mains
du Greffier qui en tiendra regiftre fidel, & en
rendre compte dans l'affemblée qui précedera
la Fête saint Sebaftien, exceptant du fufdit
Statut, le Sergent & le Tambour, attendu la
peine & la fatigue de leurs charges ; fans que
ledit fol par mois puiffe préjudicier à la partie
du jardin qui fera toujours tirée, toutes fois
& quantes que le jeu fera ouvert, pour y tirer
en partie, n'y au liard de trainage non plus
qu'a aucune amande ; & au cas que dans une
fuite il fe trouve quelque Officier ou Chevalier
qui par mépris du préfent reglement, ou autrement, ne paye pas ledit fol par mois, il
fera dépofé de fa charge s'il en a & retran-

ché de la compagnie.

XLI. Pour éviter l'embaras dans lequel se pourroit trouver la compagnie, si quelqu'un des Chevaliers qui demeurent hors du village d'Ormoi, abbattoit l'oiseau & devenoit Roy du jeu, il a été résolu qu'il sera tenu, choisir dans ledit village d'Ormoi, la maison d'un sien parent où ami, à laquelle on sera tenu seullement de le conduire; & toutes fois & quantes qu'il arrivera quelque céremonie ou Fête, mêmes la saint Sebastien, ausquelles la compagnie sera tenuë lever le Roy en corps & en ceremonie, il se rendra à la maison qu'il aura choisie le jour de sa Roiauté pour y recevoir tous les honneurs à lui deû pendant son regne, sans pouvoir exiger qu'on aille aillieurs.

XLII. Toutes fois & quantes que le Tembour sera commandé de marcher avec ou pour la compagnie, soit quand on abattera l'oiseau, en prix ou au trement, il sera défrayé de toutes choses; bien entendu qu'après les écots faits & payez dans lesquels il sera toûjours compris gratis, s'il veut boire, & manger ou s'arrêter en quelque maniere que ce puisse-être, pour lors ce qu'il dépensera, ce sera à ses frais, lui tenu de remettre la caisse chez le Capitaine aussi-tôt que les cérémonies seront faites, à peine de répondre en son propre & privé nom, du dommage qui pourroit être fait par quelque mal intentionné.

XLIII. Il sera fait un nouveau Regître pour écrire tous les actes & statuts nouveaux que la compagnie jugera à propos de faire dans la suitte ; au commencement duquel sera inseré une copie de tous les articles des présents Statuts & ordonnances ; on y mettra aussi une copie de la signification du jeu d'Arc tirée d'un manuscript datté de 1525. Ensuite & avant aucun acte nouveau, seront écrits toutes les cerémonies qu'on observera à la mort, inhumation & service qui sera fait pour le repos de l'ame de chaque Officier & Chevalier, quand il décedera, pour avoir recours à tout ce que dessus quand besoin sera.

XLIV. Comme le Roy, le Capitaine & autres Officiers doivent être l'exemple de la compagnie, dans tous les cas ou ils encourreront quelque amende, le Roy la payera triple de ce qu'elle est marquée ; le Capitaine, le Lieutenant, & l'Enseigne la payeront double, & les trois Officiers subalternes payeront le tiers en sus, c'est-à-dire, que la ou il y aura six deniers d'amende, le Roy en payera dixhuit ; le Capitaine, le Lieutenant, & l'Enseigne douze ; & les trois Officiers subalternes neuf, & ainsi du reste sur chaque article.

Nous Roy Officiers & Chevaliers du noble Jeu de l'Arc d'Ormoy, emmy les champs, assemblez en la salle de notre, jardin, après se-

monce

monce faite en la maniere accoutumée, au-
sujet des Statuts & Ordonnances cy-dessus,
que nous avons corrigez & augmentez pour
le bon ordre de ladite compagnie, dont lecture en a été faite, auquels nous nous som-
mes soumis & soumettons sous les peines &
amendes y portées ; le tout sous le bon plai-
sir de Monseigneur de Pomponne Abbé de
l'Abbaye Royalle de saint Médard de Soissons
grand Maître de tous les Jeux d'Arc du
Royaume, lesquelles Ordonnances lui seront
présentées pour être approuvées. Fait & déli-
beré dans ladite assemblée, ce jourd'hui vingt-
neuf. Octobre 1730. Signez enfin Charles de
Lie-Roy. Jean l'Anglois Curé dudit Ormoy
Capitaine Connétable, Christophe - Frou
Lieutenant, Pierre Garnotel Enseigne, Charles le Borgne Curé de Rouville Aumônier,
Jacques Garnotel le Jeune, Tresorier, Pierre
Bouttevilain l'aîné Sergent, Jacques Garnotel
Tambour Jean d'Huicquet, Antoine Pautre,
Christophe le Clerc, Jean Caux, Nicolas Frou,
Louis Claude Cartier, Sebastien Ratier, An-
toine du Barle, Jacques Caux, Pierre Bouttevillan
le Jeune, Michel d'Huicque, Jean Garnotel,
Jean Baptiste de Lie, François Bacquet & Nico-
las le Clerc Greffier, & plus bas est écrit.

Nous Henry Charles Arnauld de Pomponne
Abbé de Labbaye Royalle de saint Médard de
Soissons, Conseiller d'Etat ordinaire, Com-
mandeur, Chancellier, Garde des Sceaux &
Surintendant des deniers des ordres du Roy,
cy-devant Ambassadeur extraordinaire auprès
de Clement X I. Grand maître, & Seigneur
souverain de tous les Jeux d'Arc du Royaume

Avons aprouvé les Statuts cy-devant renfermez dans 45 articles, les aïant trouvez ne rien contenir qui ne foit conforme aux bonnes regles & bonnes mœurs ; permettons de les faire Imprimer, déclarant nuls tous autres reglemens & Statuts faits cy-devant par ladite Compagnie, dans laquelle il n'y aura que le nombre d'Officiers marquez dans l'article premier, & V I I, s'auf à ceux qui auroient été nommez cy-devant pour autres charges, de prendre leur rang dans ladite compagnie, fuivant la datte de leur reception ; & fur ce qui nous à été remontré, que plufieurs Jeux de l'Arc tant circonvoifins dudit Ormoy, que d'aillieurs défireroient qu'il nous plût leurs accorder, de fuivre & fe conformer aux fufdits préfens Statuts, avons permis à la compagnie dudit Ormoy de leurs en diftribuer des exemplaires & à tous ceux qui en fouhaitteront, déclarant les fufdits préfens Statuts pour être regardez en forme de reglement général, tant pour villes, Bourgs que Villages, accordant à tous les Jeux qui font à fix lieux à la ronde dudit Ormoy, pour éviter à trop grands frais ; des voïages de Soiffons, de fe faire regler fur les differents qui pourroient naître dans leurs compagnies au fujet du Jeu, par les Officiers de la compagnie dudit Ormoy ; des Sentences defquels (en cas d'Appel) il fera plaidé par devant nous, ou pour notre abfence, par devant le premier de faint Médard notre grand Vicaire à Soiffons & non ailleurs. Fait à Viffaraine ce 27. Novembre 1730, y aiant appofé notre feing manuel avec celui d'un de nos Secretaires, & le Sceau de nos armes, de laquelle approbation il fera fait lecture par le

Greffier de ladite compagnie dans l'assemblée qui sera convoquée à cet effet, afin qu'aucun de ceux qui la composent n'en ignorent; & en signera ledit Greffier son Certificat au bas des présentes, le tout pour valoir & servir en ce que de besoin, lesdits jour & an que dessus, Signé enfin l'Abbé de POMPONNE avec Paraphe, au dessous est écrit : par Mandement de mondit Seigneur Abbé. Signé la Boreix avec Paraphe, & à côté est le sceau & cachet dudit Seigneur Abbé, Scellé en Cire Rouge, au-dessous est écrit. Je Soussigné Nicolas le Clerc Greffier de ladite compagnie, certifie avoir lû à haute & intelligible voix dans l'assemblée convoquée ce jourd'huy issuë des Vêpres dans la salle du Jardin, l'approbation cy-dessus à ce que personne n'en ignore, en foi dequoi jai signé le présent certificat au desir de ladite approbation faite dans ladite salle ce Dimanche 3e. jour de Decembre 1730.

XLV. Nous ajoutons ensuite de tous les articles cy-devant aprouvez, qu'aiant reconnu que le moïen d'entretenir l'union & charité chrétienne entre les Confreres de S. Sebastien Chevaliers du noble Jeu d'Arc dont les Abbez de l'Abaye Royalle de S. Médard de Soissons sont règardés de tous tems comme superieurs & souverains Juges à cause des Reliques de S. Sebastien conservez dans ladite Abbaye. Nous avons jugé à propos dordonner à tous Capitaines & autres Officiers & Chevaliers qui sont recûës & qu'on recevra à l'avenir, de recevoir des mains du Capitaine de chaque compagnie où ils entreront; une Médaille d'argent qu'ils porteront avec un rubans rouge à la boutonniere de leur habit ou veste, les fêtes & Di-

manches & autres jours qu'ils s'assembleront
laquelle médaille représentera d'un côté S. Sebastien patron de ladite societé & confrerie &
au revers un Arc & deux Fleches en s'autoirs
de laquelle Médaille chaque Chevaliers qui
la portera, payera le prix de 35 sols au Capitaine qui la lui delivrera, cette marque ser-
vira à faire souvenir les confreres & Chevaliers
de ne faire aucune action indigne d'une so-
ciété qui a pour patron un aussi grand Saint.
& nous regarderons comme le plus grand châ-
timent que l'on puisse imposer aux confreres
de ladite compagnie d'être privé de l'honneur
de porter ladite Médaille lorsqu'ils auront fait
des actions indignes de l'ordre expliquées par
les Statuts, & en cas de ces fautes donnons
pouvoirs aux Capitaines de chaque compagnies
de retirer la Médaille ausdits Chevaliers & confreres qui auront contrevenus aux Articles
portées par l'ordonnance, voulons que le prix
de ladite Médaille leur soit remboursé, & que
le Capitaine la garde pour la donner au Chevalier qui desirera se faire recevoir dans la compagnie, en remboursant par ledit Chevalier au
Capitaine le prix qu'elle aura couté en la re-
tirant.

Le Chevalier qui aura été renvoyé de la
compagnie ne poura prétendre d'y rentrer &
en sera exclus pour toûjours, fait à Paris ce 9.
Avril 1731. *Signé* l'Abbé de POMPONNE, *&
plus bas* par Monseigneur LABOREIX, & avons
fait apposer le Cachet de nos Armes.

Les Médailles se vendent chez Langlois Marchand
Orfevre, rue de Gesvres proche le grand Châtelet
à l'enseigne du Saint Esprit.